Jeden Tag besser

# Deutsch

## Test- und Übungsheft

6. Klasse

Cornelsen
SCRIPTOR

# Lernplan von ______________________


| Grammatik | Bearbeitet am | ☹ 😐 ☺ | ↩ ✓ |
|---|---|---|---|
| Satzglieder: Subjekt, Prädikat, Objekt 4 | | | |
| Satzglieder: Umstellprobe 6 | | | |
| Satzglieder: Adverbial des Ortes, der Zeit 8 | | | |
| Satzglieder: Adverbial des Grundes, der Art und Weise 10 | | | |
| Hauptsatz und Nebensatz (1) 12 | | | |
| Hauptsatz und Nebensatz (2) 14 | | | |
| Test – Grammatik 16 | | | |
| **Rechtschreibung** | **Bearbeitet am** | ☹ 😐 ☺ | ↩ ✓ |
| Zeichensetzung (1) 18 | | | |
| Zeichensetzung (2) 20 | | | |
| Zeichensetzung (3) 22 | | | |
| Zeichensetzung (4) 24 | | | |
| Zeichensetzung (5) 26 | | | |
| Komma in Aufzählungen 28 | | | |
| Test – Kommas 38 | | | |
| Großschreibung (1) 40 | | | |

| | | | |
|---|---|---|---|
| Großschreibung (2) 42 | | | |
| Nominalisierung 44 | | | |
| Test – Großschreibung 46 | | | |
| *das* oder *dass*? (1) 48 | | | |
| *das* oder *dass*? (2) 50 | | | |
| Test – *das* oder *dass*? 52 | | | |
| Ent- oder end-, wieder- oder wider-? 54 | | | |
| **Aufsätze schreiben** | Bearbeitet am | | |
| Erzählen 56 | | | |
| Beschreiben – Gegenstand (1) 58 | | | |
| Beschreiben – Person (2) 60 | | | |
| Inhalte zusammenfassen 62 | | | |
| | | | |
| | | | |
| | | | |
| | | | |
| **Lösungen** 29–36 | | | |

# Satzglieder: Subjekt, Prädikat, Objekt

Das Subjekt eines Satzes erfragt man mit: Wer oder was?
Es steht im Nominativ.

**1 Unterstreiche in den folgenden Sätzen das Subjekt.**

Die Sonne scheint. Die Wolken ziehen.

Die Vögel fliegen. Die Kinder spielen. 4

**Kreuze an, wie der nicht unterstrichene Teil des Satzes heißt.**

☐ Objekt ☐ Prädikat 1

Ein Prädikat kann zwei Teile haben: Du *bist vorbeigegangen.*
Sie *hat verloren.*

**2 Unterstreiche das Prädikat. Prüfe, ob es zweiteilig ist.**
**Frage nach dem Subjekt. Umkreise es.**

Die Kinder haben ihren Freunden einen Ball gegeben.

Herbstbäume verlieren viele Blätter.

Mit einem Ball spielen viele Kinder. 6

Objekte sind Ergänzungen. Man kann sie erfragen:

| | |
|---|---|
| Wen oder was? | Akkusativobjekt |
| Wem? | Dativobjekt |
| Wessen? | Genitivobjekt |

**3 Unterstreiche die Objekte. Gib an, welche Fragen sie beantworten.**

Merle liebt Ballspielen. Henner gibt Merle seinen Ball.

*Wen oder was?* ______ ______ 4

**4 Ergänze geeignete Prädikate. Notiere die Frage nach dem Subjekt. Notiere die Frage nach dem Objekt. Gib an, um welches es sich handelt.**

*Mein Vater* *liest* *die Zeitung.*

Frage nach dem Subjekt:

Frage nach dem Objekt: *Wen oder was liest mein Vater? Akkusativobjekt*

*Meine Mutter* *Kekse.*

Frage nach dem Subjekt:

Frage nach dem Objekt:

*Ich* *mit dem Hund.*

Frage nach dem Subjekt:

Frage nach dem Objekt:

*Der Hund*

Frage nach dem Subjekt:

Frage nach dem Objekt:

*Meine kleine Schwester*

Frage nach dem Subjekt:

Frage nach dem Objekt:

*Die Möwe*

Frage nach dem Subjekt:

Frage nach dem Objekt:

Pro Satzgruppe 1 Punkt 6

21–15 Punkte 14–10 Punkte 9–0 Punkte Gesamtpunktzahl

# Satzglieder: Umstellprobe

Ein Satz setzt sich aus verschiedenen Satzgliedern zusammen, die aus einzelnen oder mehreren Wörtern bestehen können.
Was als Satzglied zusammengehört, zeigt die Umstellprobe:

Mit dem Ball | spielen | viele Kinder | gern.

Gern | spielen | viele Kinder | mit dem Ball.

Viele Kinder | spielen | gern | mit dem Ball.

Tipp: Das Satzglied „Prädikat“ kann zwei Teile haben (s. S. 4).

**1 Bestimme die Satzglieder in den folgenden Sätzen: Zeichne Trennstriche ein.**

Mit einem Fahrrad fahren sehr viele Schülerinnen und Schüler zur Schule. Sie tragen ihre Schultasche auf dem Rücken. Das Fahrrad wird mit einem Schloss abgeschlossen.

9

**2 Stelle die Satzglieder aus Aufgabe 1 um und schreibe die neuen Sätze auf.**

Pro umgestelltem Satz 1 Punkt 3

**3** **Stelle aus den folgenden Satzgliedern Sätze zusammen. Stelle an den Anfang, was du hervorheben möchtest. Schreibe die neuen Sätze auf.**
**Tipp: Achte auf die Großschreibung am Satzanfang. Setze am Schluss einen Punkt.**

es | oft | auf dem Schulhof | zu Streitereien | kommt

______________________________________________

Streitschlichter | darum | viele Schulen | haben

______________________________________________

übernehmen | besonders ausgebildete | Schüler/-innen | diesen Job

______________________________________________

Konflikte zwischen Streithähnen | diese Vermittler | klären

______________________________________________

Schulhöfe und Pausenhallen | viel ruhiger | sind | seitdem

______________________________________________ 5

Zweiteilige Prädikate (s. S. 4) können andere Satzglieder umschließen.
Sie werden darum auch Prädikatsklammern genannt:
Mit dem Ball haben *viele Kinder gern* gespielt.

**4** **Unterstreiche die Prädikate. Achte auf mehrteilige Prädikate.**

Sicher würde es ohne Streitschlichter viel mehr Stress auf Schulhöfen geben.

Vermitteln Dritte in Konfliktfällen, so werden sie immer auch auf Techniken hinweisen, mit denen zukünftige Konflikte besser gelöst werden können. 1

18–14 Punkte | 13–9 Punkte | 8–0 Punkte | Gesamtpunktzahl

# Satzglieder: Adverbial des Ortes, der Zeit

**Nach dem Adverbial des Ortes fragt man: Wo …? Wohin …?**
**Nach dem Adverbial der Zeit fragt man: Wann …? Wie lange …? Wie oft …?**

**1 Trage ein, um welches Adverbial es sich handelt.**

| | Adverbial |
|---|---|
| „Auf Wiedersehen, Mama!“ | |
| „Wohin gehst du, Pauline?“ „Zu Marvin.“ | → *des Ortes* |
| „Wo wohnt Marvin?“ „In der Mozartstraße.“ | |
| „Wann kommst du zurück?“ „Um acht Uhr.“ | |
| „Aha, dann bist du zum Abendbrot | |
| wieder hier. Wie schön!“ | |

4

**2 Verwende das Gespräch oben, um den angefangenen Text fortzuführen. Unterstreiche in deinem Text die Adverbiale des Ortes und umkreise die Adverbiale der Zeit. Notiere unter dem Adverbial das Fragewort.**

*Pauline verabschiedet sich nachmittags von ihrer Mutter, um zu Marvin zu*

*Wann?* *Wohin?*

*gehen. Sie ruft: „Auf Wiedersehen, Mama!“ Paulines Mutter fragt:* ______

______

______

______

______

______

10

**3** **Kreuze an, um welche Art von Adverbial es sich handelt.**

| | Adverbial | |
|---|---|---|
| | **des Ortes** | **der Zeit** |
| Um 20.30 Uhr ist Christina | ○ | ○ |
| noch nicht zu Hause. | ○ | ○ |
| Das Abendbrot steht auf dem Tisch. | ○ | ○ |
| Die Mutter geht zum Telefon. | ○ | ○ |
| Sie sucht im Telefonbuch die Nummer von Marie-Lauras Eltern. | ○ | ○ |
| „Hallo, ist Christina noch bei Ihnen?“ | ○ | ○ |
| „Ja, sie ist hier. | ○ | ○ |
| Wir sitzen alle am Tisch und essen Abendbrot.“ | ○ | ○ |
| „Ich warte auf meine Tochter schon ein halbe Stunde. | ○ | ○ |
| Sie sollte um 8 Uhr | ○ | ○ |
| wieder zu Hause sein! | ○ | ○ |
| Ich komme gleich | ○ | ○ |
| mit dem Auto zu Ihnen | ○ | ○ |
| und hole sie dort ab.“ | ○ | ○ |

☐ 14

☐ 28–21 Punkte | 20–14 Punkte | 13–0 Punkte | ☐ Gesamt-punktzahl

# Satzglieder: Adverbial des Grundes, der Art und Weise

Nach dem Adverbial des Grundes fragt man:
Warum …? Weshalb …? Wieso …?
Nach dem Adverbial der Art und Weise fragt man:
Wie …? Auf welche Weise …?

**1** **Ergänze im Kasten, um welches Adverbial es sich handelt: Ort, Zeit, Grund oder Art und Weise?**

| | |
|---|---|
| *A. A. Milne*<br>**I-Ah und Winnie-der-Pu**<br>(Auszug aus Kapitel 4) | Adverbial |
| *Wie?*<br>Der alte graue Esel, I-Ah, stand allein | *Art und Weise* |
| in einem distelbewachsenen Winkel des Waldes, | |
| die Vorderbeine gespreizt, den Kopf auf eine Seite | |
| gelegt, und er dachte über alles nach. Manchmal dachte | |
| er: Wozu?, und manchmal dachte er: Warum?, und | |
| manchmal dachte er: Inwiefern? –, und manchmal | |
| wusste er nicht so recht, worüber er nachdachte. | |
| Als Winnie-der-Pu ohne besonderen Grund herangestapft | |
| kam, war I-Ah sehr froh, weil er ein bisschen mit Denken | |
| aufhören konnte, um in düsterer Weise | |
| „Wie geht es dir?“ zu ihm zu sagen. | |

10

**2** **Unterstreiche weitere Adverbiale im Text.**
**Kreuze an, um welches Adverbial es sich handelt.**

| | Adverbial | | | |
|---|---|---|---|---|
| | Ort | Zeit | Grund | Art und Weise |
| Eines schönen Tages stand ich auf und | ○ | ○ | ○ | ○ |
| wusste auf wundersame Weise nicht, | ○ | ○ | ○ | ○ |
| wo ich mich hier befand. | ○ | ○ | ○ | ○ |
| Lag ich noch träumend in meinem Bett? | ○ | ○ | ○ | ○ |
| War über Nacht die Welt eine andere geworden? | ○ | ○ | ○ | ○ |
| Hatte ich hundert Jahre geschlafen? | ○ | ○ | ○ | ○ |
| Und wer bitte war das Wesen, | ○ | ○ | ○ | ○ |
| das mich da so hoffnungsvoll anstarrte? | ○ | ○ | ○ | ○ |
| Vollkommen verwirrt erhob ich mich. | ○ | ○ | ○ | ○ |
| Doch wie in einem Taumel verlor ich nun | ○ | ○ | ○ | ○ |

die letzte Orientierung. Wo war ich?

10

**3** **Welche Märchen erkennst du im Bild oben? Notiere.**

.................................................................

.................................................................

.................................................................

7

27–20 Punkte | 19–14 Punkte | 13–0 Punkte | Gesamtpunktzahl

# Hauptsatz und Nebensatz (1)

Zwei Sätze beschreiben das Bild:

Pluto sitzt vor dem Kühlschrank,

weil er Hunger hat.

Er erwartet ungeduldig,

dass meine Mutter ihm Futter gibt.

**1 Unterstreiche in den beiden Sätzen die Prädikate.** [ ] 4

**Im Hauptsatz ist das Prädikat das zweite Satzglied.**
**Im Nebensatz steht das Prädikat am Satzende.**

**2 Notiere hinter den Satzteilen oben, wo es sich um einen Hauptsatz (*HS*) und wo es sich um einen Nebensatz (*NS*) handelt.** [ ] 4

**Rückt der Nebensatz an den Anfang des Satzes, steht im anschließenden Hauptsatz das Prädikat vorn:**
**Weil meine Mutter Pluto gut versteht, *füttert* sie ihn sofort.**

**3 Stelle die Sätze oben um. Setze die Nebensätze an den Anfang.**

---

---

[ ] 2

**4 Umkreise die Prädikate.**
**Unterstreiche die Nebensätze.**
**Schreibe in die rechte Spalte, ob die Sätze Hauptsätze (*HS*) oder Nebensätze (*NS*) sind.**

Wenn wir am Tisch sitzen,

ist Pluto auch im Zimmer.

Pluto bettelt immer,

obwohl er gar keinen Hunger hat.

Papa meint dann,

dass wir ihm nichts geben sollten,

weil der Hund sonst zu dick wird.

Nur meine Oma richtet sich nicht nach dem,

was mein Vater sagt.

Wir gehen mit unserem Hund oft spazieren,

weil er viel Bewegung braucht.

Weil Pluto eigentlich ein Jagdhund ist,

kann er sich nicht beherrschen,

wenn er  Katzen oder Kaninchen sieht.

Darum passen wir gut auf ihn auf,

wenn wir draußen sind.

Pro Satz 1 Punkt ___ / 7

17–13 Punkte | 12–8 Punkte | 7–0 Punkte | Gesamtpunktzahl

# Hauptsatz und Nebensatz (2)

**1 Umkreise die Prädikate in jedem Satz.
Unterstreiche in jedem Satz den Nebensatz oder die Nebensätze.**

**Hund rettet Kindern das Leben**

Weil zwei zwölf und sechzehn Jahre alte Brüder aus Göttingen zu Weihnachten einen Hund bekommen hatten, überlebten sie ein Feuer in ihrer Wohnung.

Als in der Nacht zum Freitag gegen drei Uhr in der Dachgeschosswohnung der Familie ein Feuer ausgebrochen war, weckte das noch junge Tier die schlafenden Jungen durch lautes Gebell und Gejaule. Darum konnten sie den Flammen noch rechtzeitig entkommen, teilte ein Polizeisprecher mit.

Da der Fluchtweg durch das Treppenhaus des Mehrfamilienhauses durch Flammen und Rauch versperrt war, retteten die Nachbarn mit einer Leiter die beiden Jungen, die laut um Hilfe riefen.

Nachdem sie gerettet waren, mussten die Brüder mit Rauchvergiftungen ins Krankenhaus gebracht werden.

Die 38-jährige Mutter erlitt einen Schock, als sie einige Minuten nach Ausbruch des Feuers nach Hause kam. Du kannst dir vorstellen, dass die Familie dem Hund sehr dankbar war. Weil sie ihn alle toll fanden, bekam er den Beinamen „Superhund“.

16

**Nebensätze erkennst du auch an den verbindenden Wörtern (Konjunktionen), zum Beispiel *wenn, als, weil, indem, darum, nachdem, da, dass, obwohl …***

**2 Umkreise im Text auf S. 14 alle verbindenden Wörter (Konjunktionen).** 8

**3 Gib an, wie viele Nebensätze nicht vorangestellt sind:** ____________ 4

**4 Trage im folgenden Lückentext sinnvoll verbindende Wörter (Konjunktionen) ein.**

*als* *wenn* *dass* *obwohl* *da* *sobald* *weil* *dass* *darum*

**Papagei als Dolmetscher**

__________ sie ganz lustig ist, will ich euch eine kleine Geschichte aus meinem Freundeskreis erzählen. Die Familie hatte vier Kinder und immer einige Haustiere, darunter auch Katzen, ______ alle sehr tierlieb waren. __________ eines Tages die Großmutter verstarb, erbte die Familie Linda, ihren alten Papagei. Sie merkten schnell, __________ der Papagei sehr viel Spaß am lebendigen Alltag in der Familie hatte.

Eine Katze bekam Junge und man behielt eines davon, ____________ es doch schon so viele Tiere im Haus gab. Es war immer sehr turbulent, ____________ bemerkten die Kinder erst spät, ____________ die kleine Katze, die Emily hieß, stumm war. Sie öffnete zwar den Mund zum Miauen, aber es war nichts zu hören. Linda sprang für sie ein. ______________ Emily ihr Mäulchen aufriss, kreischte Linda „Miau!“. 8

36–27 Punkte | 26–18 Punkte | 17–0 Punkte | Gesamtpunktzahl

# Test – Grammatik

**1 Trenne die Satzglieder ab. Notiere unter der Zeile jeweils, was Subjekt ( S ), Prädikat ( P ), Objekt ( Obj ) oder Adverbial ( Adv ) ist. Frage- und Verneinungswörter bleiben unberücksichtigt.**

Welche Leute haben ständig ein Abführmittel bei sich?

Polizisten mit Handschellen.

Auf welcher Straße kann man weder gehen noch fahren?

Auf der Milchstraße.

Wer kann ohne Zähne beißen?

Die Zwiebel.

Wie kann ein lebendiger Mensch ohne Kopf in einem Zimmer sein?

Indem er den Kopf zum Fenster hinausstreckt.

Wer ist tiefer, Tasse oder Teller?

Die Oder.

Warum gehen Ameisen nicht in Kirchen?

6

Weil sie Insekten sind.

**2 Unterstreiche im folgenden Text alle Nebensätze.
Umkreise die verbindenden Wörter (Konjunktionen).**

**Licht an!**

Die Polizei überprüft in Zusammenarbeit mit den Schulen regelmäßig die Fahrräder der Schülerinnen und Schüler. Obwohl die Kontrollen angekündigt werden, ist die Mängelquote sehr groß. Die meisten Mängel (etwa 22 Prozent) werden bei der Beleuchtung festgestellt. Die Polizei ist darüber sehr besorgt, weil gerade die Beleuchtung wichtig für die Sicherheit der Radfahrer ist. Die Polizei bittet insbesondere die Eltern, dass sie auf die Verkehrssicherheit der Fahrräder achten. Sie sollten ihre Kinder dazu anhalten, dass sie frühzeitig die Beleuchtung an ihren Rädern einschalten. Kannst du sagen, warum das notwendig ist? Du hast doch gute Augen und kannst auch in der Dämmerung noch alles erkennen. Darauf kommt es aber nicht an! Die Beleuchtung an deinem Fahrrad dient auch dazu, dass andere Verkehrsteilnehmer dich sehen und auf dich Rücksicht nehmen können. Wenn die Autos ihre Scheinwerfer angeschaltet haben, solltest auch du das Licht an deinem Fahrrad anmachen, damit du nicht übersehen wirst!
Hast du daran schon gedacht?

16

22–17 Punkte | 16–11 Punkte | 10–0 Punkte | Gesamtpunktzahl

# Zeichensetzung (1)

**Ein Satz kann aus einem Hauptsatz und einem oder mehreren Nebensätzen bestehen (Satzgefüge).
Nebensätze können vorangestellt, eingeschoben oder nachgestellt sein.
Sie werden immer mit einem Komma vom Hauptsatz getrennt.**

1. **Unterstreiche in den folgenden Sätzen die Subjekte.
Umkreise die Prädikate.**

**Echo**

Wenn du vor einer Felswand laut rufst kommt es vor dass dir jemand antwortet indem er dich nachäfft. Du weißt dass du dann ein Echo hörst. Ein Echo entsteht wenn ausgesandte Schallwellen von einer Wand zurückgeworfen werden die mindestens 17 Meter entfernt sein muss damit man ein Echo hören kann. Diese Entfernung ist notwendig weil der Schall pro Sekunde etwa 340 Meter zurücklegt. Für die Strecke von zweimal 17 Metern benötigt er eine Zehntelsekunde. Das ist der Zeitraum in dem das menschliche Gehör den Ruf und das Echo als zwei verschiedene Laute wahrnehmen kann.

Pro Satz ein Punkt ☐ 6

2. **Unterstreiche im Text zu Aufgabe 1 die Hauptsätze in einer zweiten Farbe.** ☐ 5

3. **Notiere zu jedem Satz das Satzbaumuster. Gib an, ob es sich um einen Hauptsatz (*HS*) oder um einen Nebensatz (*NS*) handelt.
Setze in jedem Satz alle Kommas.
Nutze als Hilfe deine Vorarbeiten aus Aufgabe 1.**

Wenn du vor einer Felswand laut rufst , kommt es vor, dass dir jemand antwortet, indem er dich nachäfft.

NS , HS , NS

, NS .

Du weißt dass du dann ein Echo hörst.

Ein Echo entsteht wenn ausgesandte Schallwellen von einer Wand zurückgeworfen werden die mindestens 17 Meter entfernt sein muss damit man ein Echo hören kann.

Diese Entfernung ist notwendig weil der Schall pro Sekunde etwa 340 Meter zurücklegt.

Für die Strecke von zweimal 17 Metern benötigt er eine Zehntelsekunde.

Das ist der Zeitraum in dem das menschliche Gehör den Ruf und das Echo als zwei verschiedene Laute wahrnehmen kann.

Pro Satzbild mit Kommas 1 Punkt | 5

16–12 Punkte | 11–8 Punkte | 7–0 Punkte | Gesamtpunktzahl

# Zeichensetzung (2)

**1** **Umkreise in den folgenden Sätzen die Prädikate.**
**Notiere sie in der Randspalte.**

**Urpferdchen**

| | **Prädikate** |
|---|---|
| Es gab Urzeiten | |
| da waren Pferde Winzlinge | |
| wenn man sie mit heutigen Pferden vergleicht. | |
| Ein interessantes Beispiel ist | |
| das versteinerte Skelett eines Urpferdes | |
| das im Mainzer Naturhistorischen Museum ausgestellt ist. | |
| Es ist schon 50 Millionen Jahre her | |
| dass die trächtige, kleine Stute im Schlamm eines Sees versank | |
| der sich damals in der heutigen Eifel ausdehnte. | |
| Vielleicht angelte sie sich frisches grünes Gras | |
| während sie im Morast unterging. | |
| Damals soll es sogar Krokodile gegeben haben | |
| die die kleine Stute jedoch nicht erwischten. | |
| Heute ist der See längst ausgetrocknet | |
| der das tropische Leben dieser frühen Zeit konserviert hat. | |

14

2 Unterstreiche die Nebensätze im Text auf S. 20.

7

3 Schreibe den vollständigen Text von S. 20 ab und setze alle Kommas.

8

29–22 Punkte

21–15 Punkte

14–0 Punkte

Gesamt-punktzahl

# Zeichensetzung (3)

**1 Stelle fest, von wo bis wo die Teilsätze (also Haupt- oder Nebensätze) in den drei folgenden Texten reichen.**
**Setze die fehlenden Kommas.**

*Äsop*
**Der Fuchs und die Weintrauben**

Ein Fuchs sah einen Weinstock an dem reife Trauben hingen. Er überlegte sich wie er sie abbrechen und essen könnte. Als er sie aber trotz großer Anstrengungen nicht erreichen konnte tröstete er sich mit den Worten: „Die Trauben sind ja noch unreif und viel zu sauer ich mag sie nicht.“ 4

*Aufsatz von Matthias Sch.:*
**Das Mountainbike**

Zum Geburtstag bekam ich von meinem Opa ein Mountainbike das ich mir schon lange gewünscht hatte. Man kann sich vorstellen wie sehr ich mich über dieses Geschenk gefreut habe. Als ich es in unserer Straße ausprobierte sah mich mein Freund Daniel. Er bewunderte mein neues Mountainbike sodass ich ihn auch damit fahren ließ. Als er wieder zu mir zurückgekommen war sagte er: „Weil ein Mountainbike Spaß macht wünsche ich mir zum Geburtstag auch eins.“ In der nächsten Woche hatte Daniel Geburtstag aber seine Eltern haben ihm kein Mountainbike geschenkt. Ich traute meinen Ohren nicht als er plötzlich sagte:

„Ich brauche kein Mountainbike denn ich habe ja mein Fahrrad. Außerdem gibt es in unserer Gegend keine Berge auf die ich fahren könnte. Mein Vater hat recht wenn er sagt dass Mountainbikes viel zu teuer und unpraktisch sind.“ 12

*Aufsatz von Karen P.:*
**In der Tanzstunde**

Mein älterer Bruder wollte es eigentlich verhindern dass meine Eltern ihn in der Tanzschule anmeldeten. Als er aber mehrere Male dort gewesen war schwärmte er von den Mädchen die er dort getroffen hatte. Er erzählte vor allem von einer gewissen Jessica die eine ganz tolle Tänzerin sei. Nachdem meine Mutter aufmerksam zugehört hatte sagte sie zu meinem Bruder: „Ich habe nichts dagegen wenn du Jessica zu deinem Geburtstag einlädst.“ Mein Bruder meinte dass das eine sehr gute Idee sei. Aber am nächsten Tag musste er kleinlaut mitteilen dass Jessica seine Einladung abgelehnt hatte. „Ich bin über die Ablehnung gar nicht traurig weil Jessica nicht zu meinen übrigen Freunden gepasst hätte. Wenn wir Unsinn gemacht hätten hätte Jessica nicht mitgemacht.“ 10

**2 Kannst du sagen, was die Fabel von Äsop und die beiden Aufsätze von Matthias und Karen inhaltlich gemeinsam haben?**

26–20 Punkte | 19–13 Punkte | 12–0 Punkte | Gesamtpunktzahl

# Zeichensetzung (4)

Ein Nebensatz kann in einen Hauptsatz eingeschoben werden.
Der Hund ist ein Dackel. = 1. Satz
*den ich zum Geburtstag bekommen habe* = 2. Satz

Wenn ein Satz in einen anderen eingeschoben wird, steht vor und hinter dem eingeschobenen Satz ein Komma:
Der Hund, *den ich zum Geburtstag bekommen habe,* ist ein Dackel.

**1 Verwende deine Filzstifte.**
**Unterstreiche die Hauptsätze abwechselnd grün und blau.**
**Unterschlängele alle einzuschiebenden Sätze rot.**

Mit dem Hund, , tolle ich den ganzen Tag herum.
der noch sehr verspielt ist

Wir haben den Hund, , „Greif" genannt.
weil er ja eigentlich ein Jagdhund ist

Plötzlich fing der Hund, , laut zu bellen an.
als er den Briefträger bemerkte

Hunde, , beißen nicht.
die bellen

Leider kannte Greif, , dieses Sprichwort nicht.
weil er noch zu jung war

Unser Greif, , biss ihn von hinten in die Wade.
der den Briefträger wohl für einen Feind hielt

Der Briefträger, , stellte meinen Vater zur Rede.
der den Vorfall alles andere als lustig fand

Zum Glück hatte mein Vater, , eine Versicherung abgeschlossen.
als er den Dackel kaufte

Die Versicherung würde alle Schäden, , bezahlen.
die der Dackel anrichtet

Pro Satz 1 Punkt ___ / 9

2 **Schreibe die Sätze vollständig ab. Füge alle Kommas vor und hinter den eingeschobenen Sätzen mit rotem Filzstift ein.**

*Der Hund, den ich zum Geburtstag bekommen habe, ist ein Dackel.*

8

17–13 Punkte

12–9 Punkte

8–0 Punkte

Gesamtpunktzahl

# Zeichensetzung (5)

**1** **Unterstreiche alle eingeschobenen Sätze rot.**

**Gutgegangen**

In unserer Zeitung die immer über die Verbrechen aus aller Welt berichtet habe ich kürzlich Folgendes gelesen: Ein Verbrecher der eine Bank überfallen hatte wurde von der Polizei verfolgt. Der 33-Jährige rettete sich als die Polizei ihn fast erreicht hatte in eine Schule. Dort nahm er 80 Schülerinnen und Schüler die sich in der Schule aufhielten und drei Lehrerinnen als Geiseln. Alle Heranwachsenden mussten sich auf den Boden setzen. Der Verbrecher drohte er werde seine Geiseln erschießen und verschanzte sich in einem Klassenraum hinter dem Pult. Die Polizei umstellte die Schule, in der sich der Geiselnehmer befand. Sie forderte ihn vergeblich auf, dass er die Waffen niederlegen und sich ergeben solle. Der Geiselnehmer der zu allem entschlossen war lehnte ab. Die Polizei die das Leben der Kinder nicht aufs Spiel setzen wollte verhielt sich ruhig. Nach 30 Stunden konnten die Polizisten ohne Gebrauch der Waffen in die Schule eindringen. Der Geiselnehmer war vor Müdigkeit eingeschlafen und die Lehrerinnen und Kinder die vor Aufregung wach geblieben waren hatten sich inzwischen aus der Schule geschlichen.

Pro eingeschobenem Satz 1 Punkt | 7

**2** **Führe ein Eigendiktat durch.**
**Lies Satz für Satz des Textes auf S. 26. Merke dir immer einen Satz und schreibe ihn mit Komma(s) hier auf.**
**Unterstreiche anschließend die Nebensätze und kontrolliere so selbst deine Zeichensetzung.**
**Gleiche Satz für Satz mit dem Lösungsheft ab, ob du richtig geschrieben hast und alle Kommas gesetzt sind.**

Pro richtig geschriebenem und mit dem Lösungsheft abgeglichenen Satz 1 Punkt  ___ | 11

18–14 Punkte 13–9 Punkte 8–0 Punkte Gesamtpunktzahl

# Komma in Aufzählungen

**1 Leite die Kommaregel zu Aufzählungen ab.**

| |
|---|
| Wer war gestern Abend bei Stefanie? –<br>1. Gabriella, 2. Christine **und** 3. Carl. |
| Was habt ihr dort gemacht? – Wir haben<br>1. erzählt, 2. Musik gehört **und** 3. am Computer gespielt. |
| Habt ihr auch etwas gegessen? – Ja klar,<br>1. salzige Erdnüsse, 2. scharfe Kartoffelchips **und** 3. süße Schokoriegel. |
| Mit wem gehst du morgen schwimmen? –<br>Ich weiß es noch nicht, vielleicht mit<br>1. Fatima, 2. Justin **oder** 3. Hannah. |

**Ergänze das fehlende Wort.**

Die Regel zu Aufzählungen lautet:
Zwischen aufgezählten Satzgliedern steht
**und,**
**oder**
oder ein ______________________.

1

**2 Ergänze die Lücken.**

Zum Geburtstag wünsche ich dir

________________, ________________ ________________.

Welche Geschenke hast du bekommen?

________________, ________________ ________________.

Wer hat dir zum Geburtstag gratuliert?

________________, ________________ ________________.

Welche Freunde hast du zum Geburtstag eingeladen?

________________, ________________ ________________.

4

# Lösungen



★ **Aufgaben mit höherem Schwierigkeitsgrad**

**Seite 4**

1. Die Sonne scheint.
   Die Wolken ziehen.
   Die Vögel fliegen.
   Die Kinder spielen.

   [X] Prädikat

2. Die Kinder haben ihren Freunden einen Ball gegeben.
   Herbstbäume verlieren viele Blätter.
   Mit einem Ball spielen viele Kinder.

3. Henner gibt Merle (Wem?) seinen Ball. (Wen oder was?)

**Seite 5**

4. ★ *Vorschlag:* Meine Mutter isst Kekse. Frage nach dem Subjekt: Wer isst Kekse? Frage nach dem Objekt: Wen oder was isst meine Mutter? – Akkusativobjekt
   Ich spiele mit dem Hund. Frage nach dem Subjekt: Wer spielt mit dem Hund? Frage nach dem Objekt: Mit wem spiele ich? – Dativobjekt
   Der Hund frisst Hundefutter. Frage nach dem Subjekt: Wer frisst Hundefutter? Frage nach dem Objekt: Wen oder was frisst der Hund? – Akkusativobjekt
   Meine kleine Schwester baut eine Sandburg. Frage nach dem Subjekt: Wer baut eine Sandburg? Frage nach dem Objekt: Wen oder was baut meine kleine Schwester? – Akkusativobjekt
   Die Möwe sucht Muscheln. Frage nach dem Subjekt: Wer sucht nach Muscheln? Frage nach dem Objekt: Wen oder was sucht die Möwe? – Akkusativobjekt

**Seite 6**

1. Mit einem Fahrrad / fahren / sehr viele Schülerinnen und Schüler / zur Schule. Sie / tragen / ihre Schultasche / auf dem Rücken. Das Fahrrad / wird / mit einem Schloss/abgeschlossen.

2. Sehr viele Schülerinnen und Schüler fahren mit einem Fahrrad zur Schule. Oder: Zur Schule fahren sehr viele Schülerinnen und Schüler mit einem Fahrrad. Auf dem Rücken tragen sie ihre Schultasche. Oder: Ihre Schultasche tragen sie auf dem Rücken.Abgeschlossen wird das Fahrrad mit einem Schloss. Oder: Mit einem Schloss wird das Fahrrad abgeschlossen.

**Seite 7**

3. *Vorschlag:* Auf dem Schulhof kommt es oft zu Streitereien. Darum haben viele Schulen Streitschlichter. Diesen Job übernehmen besonders ausgebildete Schüler/-innen. Diese ermittler klären Konflikte zwischen Streithähnen. Seitdem sind Schulhöfe und Pausenhallen viel ruhiger.

4. **Prädikate:** würde ... geben, Vermitteln, werden ... hinweisen, gelöst werden

**Seite 8**

1. In der Mozartstraße = Adverbial des Ortes; Um acht Uhr = Adverbial der Zeit; zum Abendbrot = Adverbial der Zeit; hier = Adverbial des Ortes

2. Paulines Mutter fragt: „Wohin gehst du, Pauline?“ Pauline antwortet: „Zu Marvin.“ (Wohin?) Paulines Mutter will wissen, wo Marvin wohnt. Pauline sagt: „In der Mozartstraße.“ (Wo?) „Wann kommst du zurück?“, erkundigt sich Paulines Mutter. Pauline erwidert, dass sie um acht Uhr (Wann?) zurückkommt. „Aha, dann bist du zum Abendbrot (Wann?) wieder hier. (Wo?) Wie schön!“, ruft Paulines Mutter.

# Lösungen

**Seite 9**

3

| | Adverbial |
|---|---|
| Um 20.30 Uhr | der Zeit |
| zu Hause | des Ortes |
| auf dem Tisch | des Ortes |
| zum Telefon | des Ortes |
| im Telefonbuch | des Ortes |
| bei Ihnen | des Ortes |
| hier | des Ortes |
| am Tisch | des Ortes |
| schon eine halbe Stunde | der Zeit |
| um 8 Uhr | der Zeit |
| zu Hause | des Ortes |
| gleich | der Zeit |
| zu Ihnen | des Ortes |
| dort | des Ortes |

**Seite 10**

1★

| | Adverbial |
|---|---|
| allein | der Art und Weise |
| in ... des Waldes | des Ortes |
| auf eine Seite | des Ortes |
| Manchmal | der Zeit |
| manchmal | der Zeit |
| nicht so recht | der Art und Weise |
| ohne ... Grund | des Grundes |
| ein bisschen | der Art und Weise |
| in düsterer Weise | der Art und Weise |

**Seite 11**

2

| | |
|---|---|
| Eines schönen Tages | der Zeit |
| auf ... Weise | der Art und Weise |
| hier | des Ortes |
| träumend | der Art und Weise |
| in meinem Bett | des Ortes |
| über Nacht | der Zeit |
| hundert Jahre | der Zeit |
| hoffnungsvoll | der Art und Weise |
| Vollkommen verwirrt | der Art und Weise |
| wie in einem Taumel | der Art und Weise |

3 Dornröschen, Der Froschkönig, Hänsel und Gretel, Rotkäppchen, Der Wolf und die sieben jungen Geißlein, Rapunzel, Rumpelstilzchen

**Seite 12**

1 + 2

| | |
|---|---|
| Pluto sitzt vor dem Kühlschrank, | HS |
| weil er Hunger hat. | NS |
| Er erwartet ungeduldig, | HS |
| dass meine Mutter ihm Futter gibt. | NS |

3 Weil er Hunger hat, sitzt Pluto vor dem Kühlschrank. Dass meine Mutter ihm Futter gibt, erwartet er ungeduldig.

**Seite 13**

4

| | |
|---|---|
| Wenn wir am Tisch sitzen, | NS |
| ist Pluto auch im Zimmer. | HS |
| Pluto bettelt immer, | HS |
| obwohl er gar keinen Hunger hat. | NS |
| Papa meint dann, | HS |
| dass wir ihm nichts geben sollten, | NS |
| weil der Hund sonst zu dick wird. | NS |
| Nur meine Oma richtet sich ..., | HS |
| was mein Vater sagt. | NS |
| Wir gehen mit unserem Hund ..., | HS |
| weil er viel Bewegung braucht. | NS |
| Weil Pluto eigentlich ein ..., | NS |
| kann er sich nicht beherrschen, | HS |
| wenn er Katzen oder ... | NS |
| Darum passen wir gut auf ihn auf, | HS |
| wenn wir draußen sind. | NS |

**Seite 14**

1★ Weil zwei zwölf und sechzehn Jahre alte Brüder aus Göttingen zu Weihnachten einen Hund bekommen hatten, überlebten sie ein Feuer in ihrer Wohnung. Als in der Nacht zum Freitag gegen drei Uhr in der Dachgeschosswohnung der Familie ein Feuer ausgebrochen war, weckte das noch junge Tier die schlafenden Jungen durch lautes Gebell und Gejaule. Darum konnten sie den Flammen noch rechtzeitig entkommen, teilte ein Polizeisprecher mit. Da der Fluchtweg durch das Treppen-

haus des Mehrfamilienhauses durch Flammen und Rauch versperrt war, retteten die Nachbarn mit einer Leiter die beiden Jungen, die laut um Hilfe riefen.
Nachdem sie gerettet waren, mussten die Brüder mit Rauchvergiftungen ins Krankenhaus gebracht werden.
Die 38-jährige Mutter erlitt einen Schock, als sie einige Minuten nach Ausbruch des Feuers nach Hause kam.
Du kannst dir vorstellen, dass die Familie dem Hund sehr dankbar war.
Weil sie ihn alle toll fanden, bekam er den Beinamen „Superhund".

**Seite 15**

2 Weil, Als, Darum, Da, Nachdem, als, dass, Weil

3 Zwei Nebensätze sind nicht vorangestellt.

4★ Da/Weil, weil/da, Als, dass, weil, darum, dass, Wenn/Sobald

**Seite 16**

1 Welche Leute (S) | haben (P) | ständig (Adv) | ein Abführmittel (Obj) | bei sich?(Adv)

Auf welcher Straße (Adv) | kann (P) | man (S) | weder gehen noch fahren? (P)

Wer (S) | kann (P) | ohne Zähne (Adv) | beißen? (P)

Wie | kann (P) | ein lebendiger Mensch (S) | ohne Kopf (Adv) | in einem Zimmer (Adv) | sein? (P)

Wer (S) | ist (P) | tiefer, (Adv) | Tasse oder Teller? (S)

Warum | gehen (P) | Ameisen (S) | nicht | in Kirchen? (Adv)

**Seite 17**

2 Nebensätze: Obwohl die Kontrollen angekündigt werden, ...; ..., weil gerade die Beleuchtung wichtig für die Sicherheit der Radfahrer ist; ..., dass sie auf die Verkehrssicherheit der Fahrräder achten; ..., dass sie frühzeitig die Beleuchtung an ihren Rädern einschalten; ..., warum das notwendig ist?; ..., dass andere Verkehrsteilnehmer dich sehen und auf dich Rücksicht nehmen können; Wenn die Autos ihre Scheinwerfer angeschaltet haben, ...; ..., damit du nicht übersehen wirst!

**Seite 18**

1 Wenn du vor einer Felswand laut rufst kommt es vor dass dir jemand antwortet indem er dich nachäfft. Du weißt dass du dann ein Echo hörst. Ein Echo entsteht wenn ausgesandte Schallwellen von einer Wand zurückgeworfen werden die mindestens 17 Meter entfernt sein muss damit man ein Echo hören kann. Diese Entfernung ist notwendig weil der Schall pro Sekunde etwa 340 Meter zurücklegt. Für die Strecke von zweimal 17 Metern benötigt er eine Zehntelsekunde. Das ist der Zeitraum in dem das menschliche Gehör den Ruf und das Echo als zwei verschiedene Laute wahrnehmen kann.

2★ Die Hauptsätze sind in der Lösung zu Aufgabe 1 grau markiert.

3 Du weißt, dass du dann ein Echo hörst.
_____ HS_____, _________ NS _________ .

Ein Echo entsteht, wenn ..., die ..., damit ...,
_____ HS _____, _________ NS _________,
_____ NS _________, _____ NS _________ .

# Lösungen

Diese Entfernung ist notwendig, weil, ...
_____ HS _____, _______ NS ________ .
Für die Strecke von zweimal 17 Metern benötigt er eine Zehntelsekunde.
_____________ HS ______________ .
Das ist der Zeitraum, in dem ...
_______ HS ______, ______ NS ______ .

**Seite 20**

1 **Prädikate:** gab; waren; vergleicht; ist; ausgestellt ist; ist; versank; ausdehnte; angelte; unterging; soll ... gegeben haben; erwischten; ist ... ausgetrocknet; konserviert hat

**Seite 21**

2 + 3 ★ Es gab Urzeiten, da waren Pferde Winzlinge, wenn man sie mit heutigen Pferden vergleicht. Ein interessantes Beispiel ist das versteinerte Skelett eines Urpferdes, das im Mainzer Naturhistorischen Museum ausgestellt ist. Es ist schon 50 Millionen Jahre her, dass die trächtige, kleine Stute im Schlamm eines Sees versank, der sich damals in der heutigen Eifel ausdehnte. Vielleicht angelte sie sich frisches grünes Gras, während sie im Morast unterging. Damals soll es sogar Krokodile gegeben haben, die die kleine Stute jedoch nicht erwischten. Heute ist der See längst ausgetrocknet, der das tropische Leben dieser frühen Zeit konserviert hat.

**Seite 22**

1 **Der Fuchs und die Weintrauben:** HS bis: Weinstock, sich, konnte, sauer
**Das Mountainbike:** HS bis: Mountainbike, vorstellen, ausprobierte, Mountainbike, war, macht, Geburtstag, nicht, Mountainbike, Berge, Recht, sagt
**In der Tanzstunde:** HS bis: verhindern, war, Mädchen, Jessica, hatte, dagegen, meinte, mitteilen, traurig, hätten

**Seite 23**

2 Alle drei, der Fuchs, Daniel und der ältere Bruder, werten das ab, was sie nicht bekommen können.

**Seite 24 / 25**

1 + 2 Die Hauptsätze sind einfach, die eingeschobenen Sätze mit einer Schlangenlinie unterstrichen.
Mit dem Hund, der noch sehr verspielt ist, tolle ich den ganzen Tag herum.
Wir haben den Hund, weil er ja eigentlich ein Jagdhund ist, „Greif“ genannt.
Plötzlich fing der Hund, als er den Briefträger bemerkte, laut zu bellen an.
Hunde, die bellen, beißen nicht.
Leider kannte Greif, weil er noch zu jung war, dieses Sprichwort nicht.
Unser Greif, der den Briefträger wohl für einen Feind hielt, biss ihn von hinten in die Wade.
Der Briefträger, der den Vorfall alles andere als lustig fand, stellte meinen Vater zur Rede.
Zum Glück hatte mein Vater, als er den Dackel kaufte, eine Versicherung abgeschlossen.
Die Versicherung würde alle Schäden, die der Dackel anrichtet, bezahlen.

**Seite 26 / 27**

1 ★ ..., die immer über die Verbrechen aus aller Welt berichtet, ...; ..., der eine Bank überfallen hatte, ...; ..., als die Polizei ihn fast erreicht hatte, ...; ..., die sich in der Schule aufhielten, ...; ..., er werde seine Geiseln erschießen, ...; ..., der zu allem entschlossen war, ...; ..., die das Leben der Kinder nicht aufs Spiel setzen wollte, ...; ..., die vor Aufregung wach geblieben waren, ...

**Seite 28**

1 Zwischen aufgezählten Satzgliedern steht

und, oder oder ein Komma.

❷ *Vorschlag:* Zum Geburtstag wünsche ich dir viel Glück, Gesundheit und ein langes Leben. Ich habe ein Fahrrad, vier Bücher und einen Kinogutschein bekommen. Meine Eltern, meine Großeltern und meine Freunde. Ich habe Sarah, Sophie, und Jan eingeladen.

**Seite 37**

❸★ **Pflegeleichter Hund:** ... hat vier Beine, sieht mit einer Kamera und wird mit Batterien betrieben. ... laufen, sich hinsetzen und noch 40 andere Handlungen ausführen. ... Bellen, Beinchen heben und Häufchen ... verzichten. ... Asien, Amerika und Europa ...
**Dummer Dieb:** ... war in die Spielzeugabteilung gekommen, hatte sich Playmobil-Zubehör (Wert: 30 Euro) eingesteckt und war aus dem Geschäft gerannt. ... konnte dem Jungen nachlaufen, ihn mühelos einholen und der Polizei übergeben.
**Kidnapping:** ... fing das Tier in einem Park, hielt es zwei Wochen als „Geisel" und verlangte ... Lösegeld. ... beim Bellen, Fressen und Spielen ...

**Seite 38**

❶ Komma nach: Weite, Natur, Koalas, Welt, Geschichte, Bio, groß, Prinzip, Hausaufgaben, nicht, (oder fliegen), herausstellen

❷ Nebensätze: ... , denn im Umkreis von 900 Kilometern ... unterrichtet. ..., als dass die Kinder ... gehen könnten. ..., das in Mount Isa ... praktiziert wird. ..., die sie selbstständig erledigen müssen. ..., dass die Kids ... abschalten könnten! ..., wo sie Klassenarbeiten und Tests schreiben müssen. ..., welche Schüler ... aus dem Äther.

**Seite 39**

❸★ Komma nach: Gouverneurs, Mann, matt, Flusses, hatte, ausruhen, Wege, gekommen war, versteinert, erblickte, geladen war, Löwen, weglaufen, sah, Löwe, Krokodil, Strom, Abgrund, dem, hörte, Gedanke, fähig war, Erwartung, hob, Freude, Augenblick, stürzte, Krokodils, errungen hatte, Freund, wollte

**Seite 40**

❶ das Haus, das Kind, der Baum, das Auto, das Fahrrad, die Sonne, der Mond, die Wolke, der See, das Schiff, die Straße, die Blume, die Zeitung, die Tasse, der Tisch, der Stuhl

**Seite 41**

❷ nach Magdeburg, viele Späße, sein Name, in aller Munde, Die besten Bürger, der Stadt, ein großes Abenteuer, vom Rathauserker, ein Geschrei, in der Stadt, alte Menschen, auf dem Markt, auf den Erker, des Rathauses, seine Arme, Die Leute, ihre Augen, ihre Mäuler, der größte Narr, auf der Welt, eine ganze Stadt, voll von Narren, einem Narren, keine Gans, keine Flügel

**Seite 42**

❶ eine ziemliche Berühmtheit, viel Beachtung, in einer Filmrolle, an der Seite, eines Mannes, an Bekanntheit, der Herr, des Dschungels, die Freiheit, kleine Pausen, abenteuerlichen Erlebnissen, mit Dummheiten, Gewitztheiten, Tollereien, die vielen Gelegenheiten, endlose Purzelbäume, die Bäume, in nie gesehener Geschwindigkeit, voller Schlauheit, in die Kamera, die Filmzuschauer, ihr Fehlen, kein Verständnis, Von Hause, eine Schimpansin, In aller Richtigkeit, mehre-

# Lösungen

re Schimpansinnen, trotz aller Sportlichkeit, die Menschenaffen, die immergleichen Späße, in den vielen Tarzanfilmen, als Gemeinheit, Eines schönen Tages, die Verpflichtung, schlechte Laune, in die Gesellschaft, ihrer Artgenossen, statt Eigentum, einer Filmgesellschaft, die Verpflegung, das Publikum, mit ihrer Geschicklichkeit, Fröhlichkeit und Klugheit, keine Lust

**Seite 43**

2 + 3

-heit: die Berühmtheit, die Bekanntheit, die Freiheit, die Dummheit, die Gewitztheit, die Gelegenheit, die Schlauheit, die Gemeinheit, die Klugheit

-keit: die Geschwindigkeit, die Richtigkeit, die Sportlichkeit, die Geschicklichkeit, die Fröhlichkeit, die Heiterkeit, die Tapferkeit

-nis: das Erlebnis, das Verständnis, das Geheimnis

-ung: die Beachtung, die Verpflichtung, die Verpflegung, die Strömung, die Begegnung

-tum: das Eigentum, das Wachstum, das Brauchtum, das Fürstentum

-schaft: die Gesellschaft, die Filmgesellschaft, die Verwandtschaft, die Mitgliedschaft

**Seite 44**

1 etwas Überraschendes, viel Beeindruckendes, etwas Verblüffendes, viel Auffälliges, etwas Ausgestorbenes, Genaueres, etwas sehr Bedeutendes, etwas höchst Verwunschenes

**Seite 45**

2★ **Richtig sind:** aushärtete, Vielgestaltiges, schmückend, Bräunliche, Gelbe, gelb, Besonderes, Einschlüsse, Ähnliches, Auffinden, fünfhundertste, Fund, wissenschaftlich, Wertvolles, berühmtes

**Seite 46**

1 *Vorschlag:*

| Nomenbegleiter | Beispiele |
|---|---|
| bestimmter Artikel | der, die, das |
| unbestimmter Artikel | ein, eine, ein |
| Pronomen | mein, dein, sein, ihr euer, dieser |
| Präposition (+ Artikel) | beim (bei + dem), im (in + dem) |
| Artikel + Adjektiv | das schöne Haus, die strahlende Sonne |
| Mengenangaben | viele Häuser, einige Blumen, zwei Stunden |
| Typische Nomenendungen | -heit, -keit, -nis, -ung, -tum, -schaft |

2 Ein 14-Jähriger: unbestimmter Artikel; auf Zwergengröße: Präposition; seinen Haustieren: Pronomen; schrecklicher Quälgeist: Adjektiv; mit Wildgänsen: Präposition; viel Abenteuerliches: Mengenangabe

**Seite 47**

3 Gefängnis, Berühmtheit, Jahrhunderte, erweitert, Bauwerk, Wohnsitz, Kronjuwelen, englischen, leben, Kolkraben, Hingabe, britische, Commonwealth, Jahr, Bedeutungsloses

**Seite 48**

1 das Kind, das Buch, das Telefon, das Geheimnis, das Fahrrad, das Brötchen
Das geht nicht! Das stimmt! Das hat mich geärgert! Lass das! Das Fahrrad, das ... ; Ein Problem, das ... ; Wo ist das Heft, das ...

**Seite 49**

2 dass, dass, dass

3★ Ich wollte das verhindern. Er soll das Geheimnis ..., Was, das habe ich ..., Ein Beispiel, das mir ..., Alle ärgerten sich, dass der Wandertag ..., Sport ist ein Schulfach, das ich ..., Meine Freunde glaubten, dass wir ..., Man sollte immer das Beste ..., Frau Schmidt bestätigt, dass ..., Erkan liebt Backgammon, ein Spiel, das ..., Ich sehe ein, dass ...,

**Seite 50**

1 das sagte ...; ... das Geschäft ...; ..., dass der ...; ..., dass er ...; ... das Sakko ...; ... das Gerede ...; ..., dass es ...; ..., das war ...

2 Das Klingeln ...; Das israelische Fernsehen ...; ..., dass die Friedhofsangestellten ...; ..., dass es ...; ..., dass sein Handy ...; ... das Grab ...; ... das klingelnde Telefon.

**Seite 51**

3 ..., dass eine Bremer Familie ...; ... das Wasserbecken ...; Das Verhängnis ...; ... das Abflusssieb ...; ..., dass die Wiederbeschaffung ...

**Seite 52 / 53**

1 + 2 das Flugzeug; Das Hotel; Das Zimmer; Das Wetter; das Wasser; ..., dass wir gestern ...; Das Essen; ..., dass wir alle ...; Das wäre; ..., dass es dir gut geht ...; ... dass unser Hund; das Beste

**Seite 54**

1 **End-, end-**: Endstation, endlos, endgültig, endlich
**Sonstige Wörter mit -end-**: nirgends, während, abends, irgendein, Wochenende
**Unbetonte Vorsilbe Ent-**: Entfernung, Entscheidung, Entschluss, Enttäuschung
**Sonstige Wörter mit -ent-**: unentgeltlich, hoffentlich, ordentlich, versehentlich, eigentlich

**Seite 57**

1 *Vorschlag:* **Schreck auf der Raststätte**
Letzten Donnerstag fuhren meine Eltern und ich vom Italienurlaub zurück nach Neumünster. Ich war furchtbar müde und schlief die meiste Zeit auf dem Rücksitz unter einer Decke. Ungefähr um halb sechs Uhr morgens hielt mein Vater an der Raststätte Hildesheim. Während er tankte und meine Mutter etwas zu trinken kaufte, lief ich zu dem Toilettenhäuschen hinüber. Als ich zur Zapfsäule zurückkam, blieb ich wie angewurzelt stehen – meine Eltern waren weg! Das Herz schlug mir bis zum Hals und ich schaute schnell in alle Richtungen. Aber unser Wagen war nirgends zu sehen. Ich hätte mich am liebsten hingesetzt und geheult. Da fiel mir der Tankwart ein. Vielleicht konnte der mir ja helfen! Ich rannte zum Kassenhaus und erzählte ihm hastig und außer Atem, was passiert war. Er holte mir einen Stuhl, legte mir eine warme Decke um und schenkte mir sogar einen Schokoriegel. Dann fragte er mich nach meinem Namen, meiner Adresse und unserer Telefonnummer. Der Tankwart rief bei mir zu Hause an, aber da meldete sich niemand. Inzwischen war es schon halb sieben. Der Tankwart sagte: „Ich benachrichtige jetzt die Autobahnpolizei. Die Beamten werden schon wissen, was zu tun ist.“ Nach dem Gespräch mit der Polizei brachte mich der Tankwart in ein kleines Zimmer, das hinter der Kassentheke lag. „Hier kannst du erst einmal bleiben und dich ausruhen“, sagte er. „Ich muss jetzt wieder an

# Lösungen

die Arbeit, aber sobald sich die Polizei meldet, sage ich dir Bescheid." Nachdem er gegangen war, setzte ich mich hin und wartete. Nach einer Ewigkeit kam der Tankwart zurück. Ich sprang auf. Er sagte lächelnd: „Die Autobahnpolizei hat mich gerade angerufen. Deine Eltern haben anscheinend gar nicht gemerkt, dass du hier an der Raststätte ausgestiegen bist. Als sie zu Hause ankamen und dich wecken wollten, haben sie natürlich den Schock ihres Lebens gekriegt. Aber bevor sie die Polizei anrufen konnten, meldete sich schon die Autobahnpolizei bei ihnen. Sie sind auf dem Weg hierher, um dich abzuholen." Anderthalb Stunden später standen meine Eltern vor mir, und wir fielen uns alle glücklich in die Arme.

**Seite 58**

1 *Vorschlag:* Der farbenfroh gekleidete Gartenzwerg sieht sehr freundlich aus. Auf dem leicht zur Seite geneigten Kopf trägt er eine rote Mütze, die mit einer rosafarbenen Blume geschmückt ist. Unter der Mütze ragen seine weißen Haare hervor. Sein bärtiges Gesicht ist rund und pausbäckig und betont die strahlend blauen Augen und das breite Lächeln. Er ist mit einer blauen Jacke, einer roten Hose und braunen Stiefelchen bekleidet. In der rechten Jackentasche steckt ein grünes, vierblättriges Kleeblatt. Ebenfalls grün ist die Laterne, die der Zwerg in der rechten Hand hält. Seine linke Hand, auf der ein bunter Schmetterling sitzt, ist auf einen Spaten gestützt. Neben dem Gartenzwerg steht eine gelbe Gießkanne auf dem Rasen. Gartenzwerge werden als Schmuckstück in Blumenbeeten aufgestellt.

**Seite 63**

1★ *Vorschlag:* In der Kurzgeschichte „Brudermord im Altwasser" von Georg Britting geht es um zwei Brüder im Alter von zwölf und dreizehn Jahren, die bei ihrem Spiel in einem Boot in den Altwässern der Donau den Tod des jüngsten, elfjährigen Bruders verursachen.
Die drei Brüder spielen jeden Tag im August an den Tümpeln und Teichen, die durch Steindämme von der Donau abgetrennt sind. Dabei wird der jüngste Bruder hin und wieder verletzt, aber alle drei vereinbaren, zu Hause nichts davon zu erzählen. Eines Tages finden die Brüder am Ufer eines großen Weihers ein Fischerboot. Sie rudern damit in die Mitte des Teiches und spielen Seeräuber. Der älteste Bruder beginnt, das Boot zu schaukeln, und die beiden anderen machen mit. Der jüngste stellt sogar einen Fuß auf den Bootsrand. Um ihn zu erschrecken, verlagern die beiden älteren plötzlich ihr Gewicht auf eine Seite. Der jüngste Bruder fällt ins Wasser, schreit, geht unter und schlägt von unten gegen das Boot. Die beiden anderen helfen ihm nicht, sondern bleiben sitzen, bis nichts mehr zu hören ist. Sie rudern wieder ans Ufer und lassen das Boot so zurück, wie sie es vorgefunden haben. Dann laufen sie schweigend und ohne einander anzusehen in Richtung Stadt. Vor dem Haus ihrer Eltern bleiben sie zitternd und schwitzend stehen und vereinbaren wie immer nichts zu erzählen.
Georg Britting zeigt, wie zwei Brüder durch Übermut und Leichtsinn den Tod ihres Bruders verursachen und sich danach ihrer Schuld nicht stellen. Sie verdrängen die Wahrheit und wollen sie totschweigen. Dadurch werden sie meiner Meinung nach erst recht zu Mördern.

**3** **In den folgenden Zeitungsberichten gibt es mehrere Aufzählungen. Unterstreiche sie. Setze die Kommas.**

**Pflegeleichter Hund**

Eine japanische Computerfirma hat den ersten Roboterhund der Welt entwickelt. Das künstliche Tier hat vier Beine sieht mit einer Kamera und wird mit Batterien betrieben. Es kann laufen sich hinsetzen und noch 40 andere Handlungen ausführen. Nur auf Bellen Beinchen heben und Häufchen müssen die künftigen Herrchen und Frauchen verzichten. In drei Jahren soll der Robo-Dackel auf den Markt kommen und in Asien Amerika und Europa verkauft werden.

4

**Dummer Dieb**

Pech für einen neunjährigen Ladendieb in Amsterdam: Der Junge war in die Spielzeugabteilung gekommen hatte sich Playmobil-Zubehör (Wert: 30 Euro) eingesteckt und war aus dem Geschäft gerannt. Doch sein draußen abgestelltes Moutainbike (Wert: 500 Euro) war weg – gestohlen. Der Verkäufer konnte dem Jungen nachlaufen ihn mühelos einholen und der Polizei übergeben.

2

**Kidnapping**

Happyend für Pepsie, eine Yorkshire-Hündin aus Metz (Frankreich). Ein 37-Jähriger fing das Tier in einem Park hielt es zwei Wochen als „Geisel" und verlangte von der Besitzerin 10 000 Euro Lösegeld. Als Druckmittel schickte er ein Video, auf dem Pepsie beim Bellen Fressen und Spielen zu sehen ist. Bei der Geldübergabe konnte der Mann geschnappt werden. Er wurde zu sechs Monaten Haft verurteilt.

2

13–10 Punkte | 9–7 Punkte | 6–0 Punkte | Gesamtpunktzahl

# Test – Kommas

**1 Setze im folgenden Text alle erforderlichen Kommas.**

**Die Wüste als Klassenzimmer**

Australien – ein Land der unbegrenzten Möglichkeiten: endlose Weite unberührte Natur weit voneinander entfernte Farmen. Wo gehen die Kinder in dem Land der Koalas Kängurus und Aborigines[1] zur Schule? Mount Isa hat nur 23 000 Einwohner. Die Stadt erstreckt sich aber über den ganzen Nordosten des Bundesstaats Queensland. Diese Stadt wirbt mit dem größten Klassenzimmer der Welt denn im Umkreis von 900 Kilometern werden Schülerinnen und Schüler in Geschichte Bio Mathe und Physik über Radio unterrichtet. Mitten in der Wüste sind die Entfernungen viel zu groß als dass die Kinder und Jugendlichen aus mehreren winzigen Gemeinden jeden Tag in eigene Schulen gehen könnten. Radiounterricht ist deshalb das Prinzip das in Mount Isa schon seit Jahren erfolgreich praktiziert wird. Die Lehrer unterrichten auf bestimmten Frequenzen[2] vormittags und nachmittags für jeweils zwei Stunden. Danach bekommen die Schülerinnen und Schüler reichlich Hausaufgaben die sie selbstständig erledigen müssen. Glaube nicht dass die Kids bei unbeliebten Fächern das Radio einfach abschalten könnten! Das lassen die Eltern oder sonstigen Aufsichtspersonen nicht zu. In monatlichen Abständen müssen alle Schüler zum Schulzentrum nach Mount Isa fahren (oder fliegen) wo sie Klassenarbeiten und Tests schreiben müssen. Spätestens dann würde sich herausstellen welche Schüler der Rockmusik mehr Beachtung geschenkt haben als den Lehrerstimmen aus dem Äther[3]. 13

1 Aborigines: Ureinwohner Australiens; 2 Frequenzen: hier physikalisch, Schwingungszahl von Wellen in der Sekunde; 3 Äther: Luft

**2 Unterstreiche im vorangegangenen Text alle Nebensätze.** 6

**3** **Für echte Könner: Setze im folgenden Text alle Kommas.**

**Münchhausens Abenteuer: Jagd auf Ceylon**[1]

Ungefähr vierzehn Tage nach meiner Ankunft fragte mich der älteste Sohn des Gouverneurs[2] ob ich mit ihm auf die Jagd gehen wolle. Ich nahm seinen Vorschlag herzlich gern an. Mein Freund war ein großer Mann der an die Hitze gewöhnt war. Ich aber wurde nach kurzer Zeit so matt dass ich im Tropenwald weit hinter ihm zurückblieb.
Ich wollte mich eben an dem Ufer eines reißenden Flusses der schon einige Zeit meine Aufmerksamkeit beschäftigt hatte ausruhen als ich auf einmal auf dem Wege den ich gekommen war ein Geräusch hörte. Ich sah zurück und wurde fast versteinert als ich einen ungeheuren Löwen erblickte der mich auffressen wollte. Obwohl meine Flinte nur mit Hasenschrot[3] geladen war feuerte ich auf den Löwen den ich damit nur noch wütender machte. Mehr aus Instinkt als aus vernünftiger Überlegung wollte ich weglaufen als ich vor mir ein scheußliches Krokodil sah das fürchterlich seinen Rachen aufsperrte. Meine Lage war schrecklich: hinter mir der Löwe vor mir das Krokodil zu meiner Linken ein reißender Strom zu meiner Rechten ein Abgrund in dem wie ich nachher hörte die giftigsten Schlangen waren.
Ich stürzte zu Boden. Der einzige Gedanke dessen meine Seele noch fähig war war die schreckliche Erwartung dass ich die Zähne der wütenden Raubtiere zu spüren bekäme. Ich hörte jedoch ein seltsames Geräusch. Als ich meinen Kopf hob sah ich zu meiner unaussprechlichen Freude dass der Löwe in dem Augenblick als ich stürzte über mich hinweg in den Rachen des Krokodils gesprungen war. Ich zog mein Messer und trennte den Kopf des Löwen von seinem Rumpfe ab. Darauf rammte ich mit dem unteren Ende meiner Flinte den Kopf des Löwen noch tiefer in den Rachen des Krokodils das jämmerlich ersticken musste. Bald nachdem ich diesen vollkommenen Sieg über zwei fürchterliche Feinde errungen hatte kam mein Freund weil er wissen wollte warum ich zurückgeblieben war.

| | 31 |

1 Ceylon: Insel im Indischen Ozean
2 Gouverneur: Befehlshaber, Statthalter
3 Hasenschrot: Bleikügelchen

| | | 50–38 Punkte | 37–25 Punkte | 24–0 Punkte | | Gesamtpunktzahl |
|---|---|---|---|---|---|---|

# Großschreibung (1)

Im Deutschen ist die Kleinschreibung der Regelfall.
Großschreibung ist die Ausnahme.

Groß schreibt man:
- am Satzanfang,
- Nomen und als Nomen verwendete Wörter (Nominalisierung),
- Eigennamen und Herkunftsbezeichnungen.

Sonst nichts.

**1** **Jedes der folgenden Bilder steht für ein Nomen. Schreibe es in dein Heft und ergänze den bestimmten Artikel (Begleiter), also *der*, *die* oder *das*.**

16

| Ein Nomen kann verschiedene Begleiter haben: | |
|---|---|
| **Nomenbegleiter** | **Beispiele** |
| bestimmter Artikel | der, die, das |
| unbestimmter Artikel | ein, eine, ein |
| Pronomen | mein, dein, sein, ihr, euer, dieser |
| Präposition (+ Artikel) | beim (bei + dem), im (in + dem) |
| Artikel + Adjektiv | das schöne Haus, die strahlende Sonne |
| Mengenangaben | viele Häuser, einige Blumen, zwei Stunden |

**2 Markiere im Text die Nomen mit ihren Begleitern.**

**Wie Till Eulenspiegel in Magdeburg fliegen wollte**

Eulenspiegel kam auch nach Magdeburg und machte dort viele Späße, sodass sein Name in aller Munde war.
Die besten Bürger der Stadt forderten ihn auf, er möge ein großes Abenteuer vollbringen. Da prahlte Eulenspiegel, er werde vom Rathauserker herabfliegen. Nun wurde ein Geschrei in der Stadt laut, woraufhin sich junge und alte Menschen auf dem Markt versammelten, weil sie sehen wollten, wie Eulenspiegel flöge.
Eulenspiegel stieg auf den Erker des Rathauses und bewegte seine Arme, als ob er fliegen wolle. Die Leute standen da, alle rissen ihre Augen und ihre Mäuler auf und meinten nichts anderes, als dass Eulenspiegel wirklich fliegen könne.
Da begann dieser zu lachen und sprach: „Ich dachte immer, dass ich der größte Narr auf der Welt sei. Nun sehe ich aber, dass hier eine ganze Stadt voll von Narren ist. Wenn ihr mir alle zusammen versichert hättet, dass ihr fliegen könnt, ich hätte es nicht geglaubt. Aber ihr glaubt einem Narren, dass er fliegen kann! Ich bin doch keine Gans und habe keine Flügel. Wie sollte ich wohl fliegen?"

____ | 23

____ 39–29 Punkte · 28–20 Punkte · 19–0 Punkte · ____ Gesamtpunktzahl

# Großschreibung (2)

**1 Unterstreiche die Nomen mit ihren Begleitern.**

**Cheetah**

Cheetah ist eine ziemliche Berühmtheit. Sie fand viel Beachtung in einer Filmrolle an der Seite eines Mannes, der ihr an Bekanntheit nicht nachstand: Tarzan, der Herr des Dschungels. Cheetah hatte die Freiheit, kleine Pausen zwischen Tarzans abenteuerlichen Erlebnissen mit Dummheiten, Gewitztheiten und Tollereien auszufüllen. Sie nutzte die vielen Gelegenheiten, schlug endlose Purzelbäume, raste die Bäume in nie gesehener Geschwindigkeit auf und ab oder grinste voller Schlauheit in die Kamera. Tarzan ohne Cheetah war ebenso wenig vorstellbar, wie Tarzan ohne Jane – die Filmzuschauer hätten für ihr Fehlen kein Verständnis gehabt.

Von Hause aus war Cheetah eine Schimpansin. In aller Richtigkeit: mehrere Schimpansinnen. Denn trotz aller Sportlichkeit empfanden die Menschenaffen die immergleichen Späße, die sie in den vielen Tarzanfilmen auszuführen hatten, irgendwann als Gemeinheit. Eines schönen Tages hatten sie dann die Verpflichtung satt und bekamen schlechte Laune. Sie wollten wohl in die Gesellschaft ihrer Artgenossen zurück, statt Eigentum einer Filmgesellschaft zu sein. Vielleicht war die Verpflegung auch nicht gut genug? Wer weiß. Jedenfalls erfreute jede neue Cheetah das Publikum mit ihrer Geschicklichkeit, Fröhlichkeit und Klugheit. Bis sie keine Lust mehr hatte. ____ 36

**2** **Prüfe, welche Nomen aus dem Text du in die folgende Tabelle einordnen kannst und trage sie dort ein.**
**Ergänze jeweils den bestimmten Artikel.**

| Nomen-endung | Beispiel |
|---|---|
| -heit | |
| | |
| -keit | |
| | |
| -nis | |
| | |
| -ung | |
| | |
| -tum | |
| | |
| -schaft | |
| | |

20

**3** **Ordne auch die folgenden Nomen in die Tabelle ein. Ergänze den Artikel.**

Heiterkeit  Wachstum  Strömung  Verwandtschaft

Brauchtum  Begegnung  Tapferkeit  Mitgliedschaft

Geheimnis  Fürstentum

10

66–50 Punkte  49–33 Punkte  32–0 Punkte  Gesamtpunktzahl

# Nominalisierung

**Wörter anderer Wortarten können als Nomen verwendet werden. Dann schreibt man sie groß. Dies betrifft:**
- **Adjektive: schön – etwas Schönes, groß – viel Großes, neu – das Neue**
- **Verben: essen – beim Essen, laufen – das Laufen, schweigen – ein Schweigen**
- **Partizipien: besprochen – das Besprochene, abenteuerlich – viel Abenteuerliches**

**Man nennt dies Nominalisierung.**

**1 Unterstreiche alle Nominalisierungen mit ihren Begleitern.**

**„Als hätten wir lebende Dinosaurier entdeckt …"**

Als australische Forscher in einem unwegsamen Regenwald westlich von Sydney unterwegs waren, stolperten sie über etwas Überraschendes: Sie entdeckten lebende Fossilien – eine etwa 150 Millionen Jahre alte Kiefernart. Die Nadelbäume, die bis zu 40 Meter Höhe erreichen und einen Stammumfang von bis zu drei Metern haben, weisen viel Beeindruckendes auf. „Es ist, als hätten wir lebende Dinosaurier gefunden", sagte der Biologe auf einer Pressekonferenz, „so etwas Verblüffendes haben wir nie erwartet." Die Wollemikiefern, wie die prähistorischen Bäume nach ihrem Fundort im Nationalpark Wollemi genannt wurden, tragen wachsartige Nadeln. Außerdem zeigen sie viel Auffälliges: Die getäfelte Rinde wirkt wie von riesigen Schokoladenstückchen überzogen. Die engsten Verwandten dieser Kiefern lebten in der Jurazeit und in der Kreidezeit (vor 195 bis 65 Millionen Jahren). Obwohl die Wollemikiefer seit etwa 150 Millionen Jahren als etwas Ausgestorbenes galt, wurden jetzt 39 Überlebende dieser Art entdeckt. Die Forscher halten Genaueres über den Fundort streng geheim, weil diese Fossilien etwas sehr Bedeutendes sind und unbedingt geschützt werden müssen. Diese Kiefern konnten viele Millionen Jahre unbeachtet vor sich hin wachsen, weil ihr Standort etwas höchst Verwunschenes bewahrt hat. So soll es auch in Zukunft bleiben. ___ 8

**Wende die Artikelprobe an:**
**Wenn du kein Nomensignal findest und unsicher bist, ob ein Wort großgeschrieben wird, dann versuche, den Artikel im Kopf zu ergänzen. Gelingt dies, handelt es sich um ein Nomen.**

**2** **Für Könner: Groß- oder Kleinschreibung?**
**Streiche die falsche Schreibweise durch.**

**Prähistorische Schatzkammer: Bernstein**

Bernstein kann bis zu 260 Millionen Jahre alt sein. Damalige Bäume gaben Harz ab, das im Laufe der Zeit A/aushärtete. Das Ergebnis ist ein festes Material, etwas sehr V/vielgestaltiges. Bern„stein“ ist zwar kein Gestein oder Mineral, aber Menschen schätzen ihn als S/schmückend. Seine Farben reichen über das B/bräunliche ins G/gelbe, die Steine sind klar bis hin zu undurchsichtig G/gelb.

Bernstein ist etwas B/besonderes. In ihm finden sich fest eingeschlossen Fossilien. Man findet Kleintiere als E/einschlüsse, die vor Millionen von Jahren gelebt haben: verschiedene Gliederfüßer, Insekten wie Fliegen, Mücken, Libellen und Ä/ähnliches mehr. Vereinzelt sind auch Schnecken, Vogelfedern und Haare von Säugetieren zu finden. Häufig ist auch das A/auffinden pflanzlicher Überreste, auch Wassertropfen oder Lufteinschlüsse wurden entdeckt.

Aber nur etwa jeder F/fünfhundertste Bernstein birgt einen solchen Schatz. Im Baltikum sogar jeder zwanzigste F/fund. Stücke mit vollständig erhaltenen Zeugnissen des damaligen Lebens sind etwas W/wissenschaftlich äußerst W/wertvolles.

Ein sehr B/berühmtes Kunstwerk aus Bernstein war das Bernsteinzimmer im Zarenpalast bei St. Petersburg, das im Zweiten Weltkrieg verschwunden ist. ___ 15

___ | 23–17 Punkte | 16–12 Punkte | 11–0 Punkte | ___ Gesamtpunktzahl

# Test – Großschreibung

**1** **Ergänze die Tabelle: Notiere alle fehlenden Nomenbegleiter oder die fehlenden Beispiele.**

| Nomenbegleiter | Beispiele |
| --- | --- |
| | der, die, das |
| | ein, eine, ein |
| Pronomen | |
| | beim (bei + dem), im (in + dem) |
| | das schöne Haus,<br>die strahlende Sonne |
| Mengenangaben | |
| | |
| Typische Nomenendungen | |
| | |

7

**2** **Unterstreiche Nomen und Begleiter.**
**Schreibe auf die Zeile, um welche Begleiter es sich handelt.**

**Nils Holgersson**

Ein 14-Jähriger wird auf Zwergengröße verkleinert, weil er sich seinen

.............................................................................................

Haustieren gegenüber als schrecklicher Quälgeist betätigt hat. Nils

.............................................................................................

Holgerson erlebt mit Wildgänsen viel Abenteuerliches, bevor er erlöst wird.

.............................................................................................

6

**3 Ergänze im folgenden Lückentext die angegebenen Wörter in der richtigen Schreibweise.**

**Die Raben im Tower von London**

Der Tower in London ist als ______________ (GEFÄNGNIS) eine absolute ______________ (BERÜHMTHEIT). Im Jahre 1078 von Wilhelm dem Eroberer angelegt und im Laufe der ______________ (JAHRHUNDERTE) mehrfach ausgebaut und ______________ (ERWEITERT), diente das trutzige ______________ (BAUWERK) als königlicher ______________ (WOHNSITZ), Staatsgefängnis, Waffenkammer und Kaserne. Heute lagern in einem der Türme die ______________ (KRONJUWELEN) der ______________ (ENGLISCHEN) Königin.

Im Tower von London ______________ (LEBEN) seit dem 17. Jahrhundert einige ______________ (KOLKRABEN), die von den Wächtern des Towers mit ______________ (HINGABE) gefüttert werden. Der Sage nach wird das ______________(BRITISCHE) Weltreich, der ______________. (COMMONWEALTH) untergehen, sobald die Vögel nicht mehr dort zu sehen sind. Der Witz der Geschichte: Im ______________ (JAHR) 1997 hat Großbritannien die Kronkolonie Hongkong aufgegeben. Das Britische Weltreich ist in der heutigen Welt etwas ziemlich ______________ (BEDEUTUNGSLOSES) geworden.

| | 15 |

28–21 Punkte | 21–14 Punkte | 13–0 Punkte | Gesamtpunktzahl

# *das* oder *dass*? (1)

Die Schreibung von *das* und *dass* bereitet vielen Schwierigkeiten.
Als Faustregel kannst du dir merken:

Wenn man *dieses* oder *welches* einsetzen kann, schreibt man das.

Wenn das nicht möglich ist, schreibt man dass.

**1** **Ergänze: *das* oder *dass*?**

| | | |
|---|---|---|
| ______ **Kind**<br>dieses Kind | ______ **Buch**<br>dieses Buch | ______ **Telefon**<br>dieses Telefon |
| ______ **Geheimnis**<br>dieses Geheimnis | ______ **Fahrrad**<br>dieses Fahrrad | ______ **Brötchen**<br>dieses Brötchen |
| ______ **geht nicht!**<br>Dieses geht nicht! | ______ **stimmt!**<br>Dieses stimmt! | |
| ______ **hat mich geärgert!**<br>Dieses hat mich geärgert! | **Lass** ______ **!**<br>Lass dieses! | |
| Das Fahrrad, ______ gestohlen worden ist ...<br>Welches? | | |
| Ein Problem, ______ wir gemeinsam lösen werden ... | | |
| Wo ist das Heft, ______ ich gekauft habe? | | |

___ 13

**2** **Ergänze *das* oder *dass*.**

Ich dachte, ____________ du mir helfen könntest.

Alle glauben, ____________ ich allein die Schuld habe.

Ich finde es nicht richtig, ____________ Jens bestraft wird. 3

***Dass* ist ein verbindendes Wort (Konjunktion), das Nebensätze nach Verben des Sagens, Meinens oder Glaubens anschließt.**
**Er sagte, dass ... – Sie dachte, dass ... – Es meinte, dass ...**

**3** **Setze *das* oder *dass* ein.**

Ich wollte _________ verhindern.

Er soll _________ Geheimnis für sich behalten.

Was, _________ habe ich leider vergessen.

Ein Beispiel, _________ mir gerade einfällt.

Alle ärgerten sich, _________ der Wandertag ausfiel.

Sport ist ein Schulfach, _________ ich besonders mag.

Meine Freunde glaubten, _________ wir gewinnen würden.

Man sollte immer _________ Beste hoffen.

Frau Schmidt bestätigt, _________ wir morgen früh frei haben.

Erkan liebt Backgammon, ein Spiel, _________ man im Mittelmeerraum gern spielt.

Ich sehe ein, _________ ich mich falsch verhalten habe. 11

27–20 Punkte | 19–14 Punkte | 13–0 Punkte | Gesamtpunktzahl

# *das* oder *dass*? (2)

**1** **Ergänze *das* oder *dass*.**

**… kein Geld**

„Ohne echte Pistole gibt's kein Geld!“, ______ sagte eine 29 Jahre alte Verkäuferin in einem Schreibwarenladen in München zu einem Räuber, der in ______ Geschäft gestürmt war. Die Polizei teilte mit, ______ der etwa 35 Jahre alte Mann vorgetäuscht hatte, ______ er mit einer Pistole bewaffnet sei, die er unter ______ Sakko gesteckt hatte. Die mutige Verkäuferin ließ sich durch ______ Gerede des Mannes nicht beeindrucken und wollte die Pistole sehen. Sie erkannte sofort, ______ es eine Spielzeugpistole war und jagte den Möchtegernräuber aus dem Laden. Er sagte beim Weglaufen: „Entschuldigung, ______ war nur ein Versehen.“

9

**2** **Ergänze *das* oder *dass*.**

**Ruhestörung**

______ Klingeln eines Telefons aus einem gerade geschlossenen Grab hat selbst altgedienten Totengräbern auf einem Friedhof bei Jerusalem einen Schrecken eingejagt. ______ israelische Fernsehen berichtete am Freitag, ______ die Friedhofsangestellten beim Aufstellen eines Grabsteins plötzlich deutlich ein unterirdisches Klingeln gehört und geglaubt haben, ________ es sich um Gespenster handelt. Die verstörten Totengräber beruhigten sich jedoch wieder, nachdem einer der Arbeiter bemerkt hatte, ________ sein Handy fehlte. Sie öffneten ________ Grab rasch wieder und fanden darin ________ klingelnde Telefon.

___ / 7

**3** **Ergänze *das* oder *dass*.**

**Die Wanne ist voll**

In der Zeitung stand, ________ eine Bremer Familie für einen vierwöchigen Urlaub eine Blumengießanlage erfunden und einen Wasserschaden von 15 000 Euro angerichtet hat. Die Familie hatte ihre Zimmerpflanzen in ________ Wasserbecken gestellt und den Wasserhahn tropfen lassen. ________ Verhängnis nahm seinen Lauf, als ein Topf umfiel und die abgefallenen Blätter ________ Abflusssieb verstopften. Wasser lief über und suchte sich einen Weg bis in den Keller des Mehrfamilienhauses. Ein Feuerwehrsprecher teilte mit, ________ die Wiederbeschaffung der vertrockneten Pflanzen höchstens 20 Euro gekostet hätte.

___ / 5

| | | | | |
|---|---|---|---|---|
| Zeit: ____ | 21 – 16 Punkte | 15 – 11 Punkte | 10 – 0 Punkte | ____ Gesamtpunktzahl |

# Test – *das* oder *dass*?

**1** **Lies den Brief durch, den Miriam an ihre Oma geschrieben hat. Überlege dabei, wo für die Sternchen *das* oder *dass* eingesetzt werden muss. Male die Sternchen mit Buntstift aus (*das* = blaues Sternchen, *dass* = rotes Sternchen).**

*Liebe Oma!*

*Gestern sind meine Eltern und ich in Gran Canaria angekommen. Der Flug verlief ohne Schwierigkeiten, obwohl ☆ Flugzeug eine Stunde Verspätung hatte. ☆ Hotel liegt direkt am Meer. ☆ Zimmer meiner Eltern hat einen Balkon zur Meerseite, sodass man sich dort sonnen kann. ☆ Wetter ist so gut und ☆ Wasser ist noch so warm, ☆ wir gestern den ganzen Tag am Strand waren. Wir haben Vollpension gebucht.*

*☆ Essen schmeckt gut. Papa meint, ☆ wir alle in drei Wochen kugelrund werden. ☆ wäre schlimm! Ich hoffe, ☆ es dir gutgeht im kühlen Deutschland und ☆ unser Hund „Greif" dir nicht zu viel Ärger macht.*

*Ich wünsche dir ☆ Beste.*

*Deine Miriam*

12

**2** **Schreibe den Brief fehlerfrei ab.**
**Setze für die Sternchen *das* oder *dass* ein.**

12

24–18 Punkte

17–12 Punkte

11–0 Punkte

Gesamtpunktzahl

# Ent- oder end-, wieder- oder wider-?

Steckt im Wort die Wortbedeutung „Ende“, schreibt man *end-*.

**1 Ordne die Wörter aus der Schale den vier Tassen zu.**

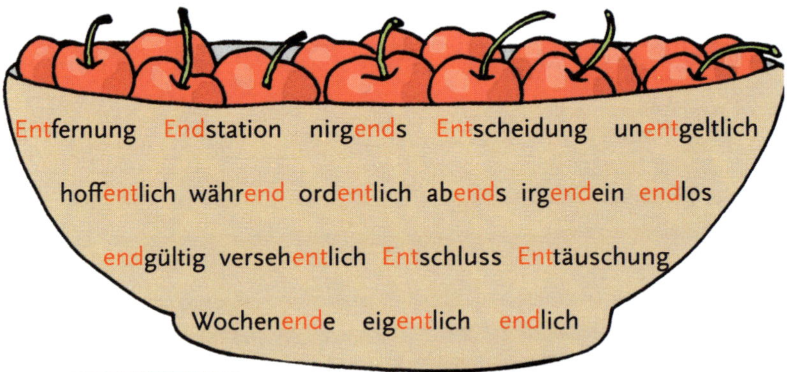

**End-, end-**

**Sonstige Wörter mit -end-, -end**

**Unbetonte Vorsilbe Ent-**

**Sonstige Wörter mit -ent-**

18

Steckt im Wort die Wortbedeutung „erneut", schreibt man *wieder-*.
Steckt im Wort die Wortbedeutung „gegen" oder „zurück", schreibt man *wider-*.

**2** **Es gibt nur wenige Wörter mit *wider-*. Du musst sie dir merken. Schreibe die folgenden Wörtern ab.**

widerfahren = jemandem geschieht etwas

Widerhaken = Haken mit zurückgebogener Spitze

Widerhall = Echo widerhallen = zurückhallen

widerlegen = das Gegenteil beweisen widerlich = abstoßend

widernatürlich = unnatürlich widerrechtlich = ungesetzlich

Widerrede = Gegenrede

Widerruf = Rückruf, Zurücknehmen einer Anordnung

Widersacher = Gegenspieler widersetzen = wehren

widersinnig = unsinnig, unlogisch widerspenstig = bockig

widerspiegeln = zurückspiegeln

widersprechen = entgegengesetzte Ansicht äußern

Widerspruch = Einwand Widerstand = Gegenwehr

widerstreben = gegen den Strich gehen widerwärtig = ekelhaft

Widerwille = Abneigung

21

39–29 Punkte 28–20 Punkte 19–0 Punkte Gesamtpunktzahl

**Das ist einem Jungen wirklich passiert:**

- Ehepaar aus Neumünster[1].
- 10-jähriger Sohn Marco.
- Auf der Rückfahrt im Auto aus Italien.
- Raststätte Hildesheim.
- Tanken.
- Morgens gegen 5.30 Uhr, Donnerstag.
- Marco geht zur Toilette.
- Eltern bemerken das nicht.
- Er hatte auf dem Rücksitz unter einer Decke geschlafen.
- Eltern fahren weiter. (220 km bis Neumünster)
- Ankunft dort: 7 Uhr.
- Marco hatte den Tankwart angesprochen.
- Der hatte die Polizei benachrichtigt.
- Telefonanruf der Autobahnpolizei bei den Eltern.
- Eltern kommen zurück, holen ihren Sohn ab.

1 Neumünster: Stadt in Schleswig-Holstein

**1 Schreibe zu diesen Ereignissen eine Erlebniserzählung.**

Marco erzählt seinen Freunden, was passiert ist. Er macht die Sache sehr spannend (zum Beispiel als er seine Eltern überall sucht und nicht findet; wie er schließlich den Einfall hat, mit dem Tankwart zu sprechen; wie die Polizei seine Eltern nicht erreichen kann ...).

Er erzählt auch, welche Gefühle er hatte (z.B. als er bemerkte, dass seine Eltern nicht mehr da waren, wie er auf seine Eltern wartete, als seine Eltern schließlich wieder zur Raststätte kamen und ihn in den Arm nahmen). Denke dir auch eine gute Überschrift für deine Erlebniserzählung aus.

Pro erwähnter Tatsache 1 Punkt ☐ 15

☐ 15–11 Punkte 10–8 Punkte 7–0 Punkte ☐ Gesamtpunktzahl

# Beschreiben – Gegenstand (1)

**1** **Beschreibe den Gartenzwerg.**

Bei Gegenständen sollte in sinnvoller Reihenfolge (z. B. von oben nach unten) neben der äußeren Form und gegebenenfalls dem Material auch beschrieben werden, wozu und wie der Gegenstand verwendet wird.

Beschreibe anschaulich.

Verwende folgende Adjektive und Partizipien:

*bärtig* *pausbäckig* *vierblättrig* *zur Seite geneigt* *farbenfroh*

*gekleidet* *rosafarben* *geschmückt* *freundlich* *strahlend blau*

*rund* *grün* *rot* *gelb*

| | |
|---|---|
| Für jedes verwendete Adjektiv und jedes Partizip 1 Punkt | 14 |
| Sinnvolle Reihenfolge überprüft? 1 Punkt | 1 |
| Rechtschreibung und Zeichensetzung überprüft? 1 Punkt | 1 |

16–11 Punkte 10–8 Punkte 7–0 Punkte Gesamtpunktzahl

# Beschreiben – Personen (2)

**1 Beschreibe deinen Vater oder deine Mutter.**

**Zweck (z. B. Porträt, Fahndung) und Adressat (Leser oder Leserin) entscheiden, welche Angaben zu einer Person sinnvoll sind und welcher Schreibstil angebracht ist (z. B. sachlich, gefühlvoll, ausführlich, nüchtern, ausschmückend ...).**
**Beschreibe einzelne Bereiche zusammenhängend (von oben nach unten).**
**Verwende genau beschreibende Adjektive oder Partizipien, Beispiele gibt die nachfolgende Übersicht.**

Gesichtsform: *kantig, oval, länglich, rundlich*

Stirn: *gewölbt, flach, hoch, niedrig, flächig*

Wangen: *eingefallen, gerötet, rundlich, blass, pausbäckig*

Kinn: *markant, eckig, spitz, rund, vorstehend, vorgeschoben, fliehend*

Nase: *breit, schmal, gerade, krumm, stupsig, kurz, lang*

Augen und Blick: *weit auseinanderstehend, eng, strahlend, blinzelnd, mit hängenden Lidern, streng, fröhlich blickend, traurig, freundlich, wach*

Augenbrauen: *geschwungen, buschig, zusammengewachsen, gezupft*

Mund und Lippen: *schmal, breit, voll, rot, blass, schmallippig, aufgeworfen*

Mundwinkel und Ausdruck: *verschmitzt lächelnd, herabgezogen, verkniffen*

Haare: *lang, kurz, schulterlang, gewellt, lockig, glatt, dunkel, hell, gescheitelt, hochgesteckt, gesträhnt*

Figur und Körperhaltung: *dick, dünn, groß, klein, schmächtig, gedrungen, aufrecht, gebückt, schlank, korpulent, füllig, rundlich, sportlich*

Kleidung: *sportlich, elegant, gepflegt, ordentlich, modern, farbenfroh, schlicht*

| | |
|---|---|
| Für jedes Adjektiv oder Partizip 1 Punkt (Mindestpunktzahl 12 Punkte, mehr Punkte erreichbar) | 12 |
| Sinnvolle Reihenfolge überprüft? 1 Punkt | 1 |
| Rechtschreibung und Zeichensetzung überprüft? 1 Punkt | 1 |

14–10 Punkte
9–7 Punkte
6–0 Punkte
Gesamtpunktzahl

*Georg Britting (1894–1964)*
**Brudermord im Altwasser**

Das sind grünschwarze Tümpel, von Weiden überhangen, von Wasserjungfern übersurrt, das heißt: wie Tümpel und kleine Weiher, und auch großen Weihern ist es anzusehen, und es ist doch nur Donauwasser, durch Steindämme abgesondert vom großen, grünen Strom, Altwasser, wie man es nennt. Fische gibt es im Altwasser, viele; Fischkönig ist der Bürstling, ein Raubtier mit zackiger, kratzender Rückenflosse, mit bösen Augen, einem gefräßigen Maul, grünschwarz schillernd wie das Wasser, darin er jagt. Und wie heiß es hier im Sommer ist! Die Weiden schlucken den Wind, der draußen über dem Strom immer geht. Und aus dem Schlamm steigt ein Geruch wie Fäulnis und Kot und Tod. Kein besserer Ort ist zu finden für Knabenspiele als dieses gründämmernde Gebiet. Und hier geschah, was ich jetzt erzähle. Die drei Hofberger Buben, elfjährig, zwölfjährig, dreizehnjährig, waren damals im August jeden Tag auf den heißen Steindämmen, hockten unter den Weiden, waren Indianer im Dickicht und Wurzelgeflecht, pflückten Brombeeren, die schwarzfeucht, stachlig geschützt glänzten, schlichen durch das Schilf, das in hohen Stangen wuchs, schnitten sich Weidenruten, rauften, schlugen auch wohl einmal den Jüngsten, den Elfjährigen, eine tiefe Schramme, dass sein Gesicht rot beschmiert war wie eine Menschenfressermaske, brachen wie Hirsche und schreiend durch Buschwerk und Graben zur breit fließenden Donau vor, wuschen den blutigen Kopf, und die Haare deckten die Wunde dann, und waren gleich wieder versöhnt. Die Eltern durften natürlich nichts erfahren von solchen Streichen, und sie lachten alle drei und vereinbarten wie immer: „Zu Hause sagen wir aber nichts davon!" Die Altwässer ziehen sich stundenweit der Donau entlang. Bei einem Streifzug einmal waren die drei tief in die grüne Wildnis vorgedrungen, tiefer als je zuvor, bis zu einem Weiher, größer, als sie je einen gesehen hatten, schwarz der Wasserspiegel, und am Ufer lag ein Fischerboot angekettet. Den Pfahl, an dem die Kette hing, rissen sie aus dem schlammigen Boden, warfen Kette und Pfahl ins Boot, stiegen ein, ein Ruder lag auch dabei, und ruderten in die Mitte des Weihers hinaus. Nun waren sie Seeräuber und träumten und brüteten wilde Pläne. Die Sonne schien auf ihre bloßen Köpfe, das Boot lag unbeweglich, unbeweglich stand das Schilf am jenseitigen Ufer, Gelsen[1] fuhren leise summend durch die dicke Luft, kleine Blutsauger, aber die abgehärteten

Knaben spürten die Stiche nicht mehr. Der Dreizehnjährige begann das Boot leicht zu schaukeln. Gleich wiegten sich die beiden anderen mit, auf und nieder, Wasserringe liefen über den Weiher, Wellen schlugen platschend ans Ufer, die Binsen schwankten und wackelten. Die Knaben schaukelten heftiger, dass der Bootsrand bis zum Wasserspiegel sich neigte und das aufgeregte Wasser ins Boot hineinschwappte. Der Kleinste, der Elfjährige, hatte einen Fuß auf den Bootsrand gesetzt und tat jauchzend seine Schaukelarbeit. Da gab der Älteste dem Zwölfjährigen ein Zeichen, den Kleinen zu schrecken, und plötzlich warfen sie sich beide auf die Bootsseite, wo der Kleine stand, und das Boot neigte sich tief, und dann lag der Jüngste im Wasser und schrie, und ging unter und schlug von unten gegen das Boot, und schrie nicht mehr und pochte nicht mehr und kam auch nicht mehr unter dem Boot hervor, unter dem Boot nicht mehr hervor, nie mehr. Die beiden Brüder saßen stumm und käsegelb auf den Ruderbänken in der prallen Sonne, ein Fisch schnappte und sprang über das Wasser heraus. Die Wasserringe hatten sich verlaufen, die Binsen standen wieder unbeweglich, die Gelsen summten bös und stachen. Die Brüder ruderten das Boot wieder ans Ufer, trieben den Pfahl mit der Kette wieder in den Uferschlamm, stiegen aus, trabten auf dem langen Steindamm dahin, trabten stadtwärts, wagten nicht, sich anzusehen, liefen hintereinander, achteten der Weiden nicht, die ihnen ins Gesicht schlugen, nicht der Brombeersträucherstacheln, die an ihnen rissen, stolperten über Wurzelschlangen, liefen, liefen und liefen. Die Altwässer blieben zurück, die grüne Donau kam, breit und behäbig, rauschte der Stadt zu, die ersten Häuser sahen sie, sie sahen den Dom, sie sahen das Dach des Vaterhauses. Sie hielten, schweißüberronnen, zitterten verstört, die Knaben, die Mörder, und dann sagte der Ältere wie immer nach einem Streich: „Zu Hause sagen wir aber nichts davon!" Der andere nickte, von wilder Hoffnung überwuchert, und sie gingen, entschlossen, ewig zu schweigen, auf die Haustüre zu, die sie wie ein schwarzes Loch verschluckte.

1 Gelsen: süddeutsch für Mücken

**1 Lies die Kurzgeschichte und fasse in deinem Heft den Inhalt zusammen.**

| | | |
|---|---|---|
| **Die Einleitung einer Inhaltszusammenfassung enthält Autor, Titel, Textsorte und gegebenenfalls Quelle des Textes.** | | 4 |
| **Der Hauptteil fasst den Handlungsverlauf in der zeitlich richtigen Reihenfolge zusammen.** | | 10 |
| **Der Schluss sagt etwas über die Absicht des Autors und gibt gegebenenfalls die persönliche Meinung wieder.** | | 2 |

16–12 Punkte | 11–8 Punkte | 7–0 Punkte | Gesamtpunktzahl

Autor: Diethard Lübke

Textquellenverzeichnis: S. 10: Textauszug aus: A.A. Milne, Pu der Bär, © Atrium Verlag, Zürich.
S. 62: Brudermord im Altwasser, aus: Georg Britting: Sämtliche Werke. © Georg-Britting-Stiftung 2008

**www.cornelsen.de**

**Bibliografische Information:**
Die Deutsche Bibliothek verzeichnet diese Publikation in der Deutschen Nationalbibliografie; detaillierte bibliografische Daten sind im Internet über http://dnb.ddb.de abrufbar.

Dieser Band folgt den Regeln der deutschen Rechtschreibung, die seit August 2006 gelten.

5. 4. 3. 2. 1. Die letzten Ziffern bezeichnen
13 12 11 10 09 Zahl und Jahr der Auflage.


Projektleitung: Annegret Hauser, Berlin
Redaktion: lüra – Klemt & Mues GbR, Wuppertal
Reihengestaltung: Magdalene Krumbeck, Wuppertal
Satz und Layout: Ludger Stallmeister, Wuppertal
Illustrationen: Dorina Teßmann, Berlin
Umschlagentwurf: Magdalene Krumbeck, Wuppertal
Druck und Bindearbeiten: Saaledruck Naumburg GmbH
Printed in Germany
ISBN 978-3-589-22790-7

Gedruckt auf säurefreiem Papier,
umweltschonend hergestellt aus chlorfrei gebleichten Faserstoffen.